Wie viele Eiskugeln passen in eine Badewanne?

mit Texten von
Karolin Küntzel

und

Illustrationen von
Gerlinde Keller

compact via ist ein Imprint der Compact Verlag GmbH

© 2012 Compact Verlag GmbH München

Text: Karolin Küntzel
Illustration: Gerlinde Keller
Recherche und Berechnung: Jürgen Brück, Karolin Küntzel
Chefredaktion: Evelyn Boos
Redaktion: Astrid Kaufmann
Fachredaktion: Rainer Wonisch
Produktion: Johannes Buchmann
Gestaltung: ekh Werbeagentur GbR
Umschlaggestaltung: ekh Werbeagentur GbR

ISBN 978-3-8174-8743-1
381748743/1

www.compact-via.de

Inhalt

Vorwort

Wenn du im Zoo ganz nah vor einem Elefanten stehst, bist du wahrscheinlich jedes Mal auf's Neue überrascht, wie groß dieses Tier ist. Da würdest du wohl kaum vermuten, dass 70 dieser Dickhäuter in ein einziges Flugzeug passen. Was muss das für eine Maschine sein! Es ist der A380, das größte Flugzeug der Welt, von dessen Ausmaßen du nach diesem Vergleich wahrscheinlich eine ganz neue Vorstellung hast.

So geht es uns auch mit vielen Gegenständen aus unserem Alltag: Wir können ihre Größe, ihr Gewicht oder ihre Länge nicht richtig einschätzen, selbst wenn wir die jeweiligen Maße kennen. Wir können uns diese einfach nicht richtig vorstellen. Und was man sich nicht vorstellen kann, kann man sich auch nur schwer merken. Erst wenn wir diese Gegenstände mit anderen in Beziehung setzen – am besten mit solchen, die wir gut kennen –, dann bekommen wir einen richtigen Eindruck von ihrer Größe oder ihrem Gewicht.

Genau das wurde in diesem Buch gemacht. Auf 42 unterhaltsamen Seiten werden zahlreiche Gegenstände beziehungsweise Entfernungen, die dir aus Schule und Freizeit vertraut sind, in Bildern und kurzen Texten miteinander verglichen. Am Ende kannst du in einem Quiz testen, wie gut du inzwischen im Abschätzen von Größen-, Gewichts- und Entfernungsverhältnissen geworden bist.

Abschließend sei noch erwähnt, dass bei der Berechnung von Flächen und Volumen jene Zwischenräume, die sich beim Auffüllen großer Körper mit kleineren Gegenständen automatisch ergeben, vernachlässigt wurden. Darüber hinaus ließen sich die Tiervolumen nicht immer exakt bestimmen. Die Näherungswerte reichen allerdings aus, um ein realistisches Bild des jeweiligen Größenverhältnisses abzugeben.

Jetzt aber nichts wie ran an die Fragen!
Viel Spaß beim Lesen, Staunen, Schmunzeln und Raten!

Was glaubst du, wie viele **Bananen** das Gewicht eines **Orang-Utans** haben **?**

Wenn du im Zoo einmal die Affen besucht hast, weißt du sicher, dass sie sehr gerne Früchte essen – auch Bananen! Würde nun ein **Orang-Utan-Männchen** zu seinem Geburtstag so viele Bananen geschenkt bekommen, wie seinem Körpergewicht entsprechen, käme ein ganz schöner Berg zusammen. Durchschnittlich wiegt das männliche Tier nämlich 90 Kilogramm, eine Banane aber nur rund 85 Gramm. **1059 Bananen** müsste der Pfleger also in das Gehege schaffen.

Einem kleinen Kind schenkt man lieber **Teddys** als Bananen. So ein Kuschelbär ist zwar wesentlich schwerer als eine Banane, trotzdem brauchst du immer noch **155** von ihnen, bis du auf das Gewicht des Affen kommst.

Eine ganz andere Gewichtsklasse ist da schon der **Riesenkürbis**. Die gigantische Frucht kann bis zu 800 Kilogramm schwer werden. Das ist so viel wie das Gewicht von **neun Orang-Utans** zusammen.

1059

Welche Anzahl von **Bobby-Cars**® füllt einen großen **Tanklaster**

?

Meist beliefern **Tanklaster** Tankstellen mit Benzin. Damit sie das nicht täglich machen müssen, kann ein großer Laster 58 Kubikmeter transportieren. Auch andere Flüssigkeiten wie Milch oder das Löschwasser für die Feuerwehr werden in Tanklastern befördert. Grundsätzlich kannst du sie natürlich auch mit **Bobby-Cars**® füllen. Davon passen **887** Stück hinein. Das reicht aus, um alle Krippen und Kindergärten einer Kleinstadt zu versorgen.

Packst du stattdessen **Zahnpastatuben** in den Tank, musst du noch viel mehr besorgen – nämlich stolze **773.333** Stück. Damit könnten sich die Einwohner einer Großstadt wochenlang die Zähne putzen.

Normalerweise kommt jedoch **Benzin** in den Tanklaster. Verteilst du den Treibstoff aus einem Laster auf die Autos deines Viertels, dann könntest du **1160 Autos** befüllen – oder **11.600 Reservekanister**.

887

Wie viele **Getränkedosen** reichen übereinandergestapelt bis in den Wipfel einer großen **Eiche**

Eichen sind mächtige Bäume mit großen Kronen und sie werden im Schnitt 30 Meter hoch. Da kann man schon eine Weile klettern, bis man den Wipfel erreicht. Machst du mit deiner Klasse ein Picknick unter solch einem Baum und stellt ihr hinterher alle eure Getränkedosen aufeinander, würde dieser Turm längst nicht hoch genug sein. Eine Dose ist nämlich nur elfeinhalb Zentimeter hoch, sodass ihr bis in den Wipfel der Eiche **261 Dosen** stapeln müsstet.

Nehmt ihr stattdessen die Eicheln, die im Herbst reichlich unter dem Baum liegen, heißt es zuerst einmal sammeln. **857 Eicheln** übereinander ergeben die Höhe des Baumes.

Sehr deutlich wird die ungeheuere Höhe einer Eiche auch, wenn man sich den **Zehn-Meter-Turm** eines Freibads **dreimal übereinandergebaut** vorstellt. Hut ab vor dem, der von dort den Blick nach unten wagt.

261

Wie oft passt das Gewicht eines 10-jährigen **Kindes** in dasjenige eines **Elefantenbabys**

?

Elefantenbabys sehen so niedlich aus und wirken neben ihren Müttern und Tanten regelrecht zierlich. Dabei bringen die kleinen Dickhäuter bereits bei ihrer Geburt stattliche 120 Kilogramm auf die Waage. Ein Menschenkind ist viel leichter. Nach der Geburt wiegt es um die dreieinhalb Kilogramm, mit zehn Jahren durchschnittlich 34 Kilogramm. Erst **dreieinhalb 10-jährige Kinder** wiegen so viel wie ein Elefantenbaby.

Würdest du sein Gewicht in **Schokolade** aufwiegen, hättest du einen stattlichen Berg von **1200 Tafeln** zu je 100 Gramm. Daran könntest du über drei Jahre naschen, wenn du am Tag eine Tafel futterst. Aber ob das deine Eltern erlauben würden?

Noch viel leichter ist ein Spatz. Er wiegt gerade einmal 30 Gramm, knapp ein Drittel der Schokoladentafel. Um das Elefantengewicht zu erreichen, sind deshalb **4000 Spatzen** notwendig.

3 ½

Wie viele **Babyfüße** muss man hinter-
einanderstellen, um **Schuhgröße 47**
zu erreichen

?

Bei der Geburt waren deine Füße noch ganz klein. Um die acht Zentimeter sind die Füße von Neugeborenen lang. Das ist gerade mal die Breite einer Tafel Schokolade. Dann wachsen sie bei Frauen bis zu einer durchschnittlichen Schuhgröße von 40, bei Männern von 44. Richtig große Männer haben aber mindestens **Größe 47**. Das ist so lang wie knapp **vier Babyfüße** hintereinander.

Wenn sich ein Papa mit solchen Riesenfüßen auf eine Lichtung im Wald legt, dann hätten ungefähr **43 Waldameisen hintereinander** auf seiner Fußsohle Platz. Das würde aber sicher ganz fürchterlich kitzeln und wäre daher ein kurzes Vergnügen für die emsigen Krabbler.

Interessant ist auch der Vergleich mit einer **Salatgurke**: Die soll nach EU-Verordnung etwa 30 Zentimeter lang sein. Das ist **genauso lang** wie ein Fuß mit Schuhgröße 47.

4

Wie viele **Eiskugeln** passen in eine **Badewanne**

Normalerweise badest du sicher in Wasser. 140 Liter passen davon in eine durchschnittliche **Wanne**. An einem heißen Sommertag wären allerdings Eiskugeln viel erfrischender und obendrein leckerer. Du bräuchtest dich nicht einmal für eine Sorte zu entscheiden, denn es passen insgesamt **2273 Kugeln** hinein.

Nach drei Kugeln bist du sicher satt und wünschst dir dein Badewasser zurück – und einen Ball, mit dem du ein wenig plantschen kannst. Doch wie viele **Wasserbälle** würden eigentlich in deine Wanne passen? Nimmt man solche, die man mit einer Hand greifen kann, sind es immerhin **88** Stück.

Und wie wäre das Ganze mit **Wassermelonen**? Die kann man rollen wie Bälle und anschließend auch noch essen. Da gibt es doch die ganz Großen; von ihnen passen leider nur **10** Stück in deine Wanne.

2273

Was schätzt du, wie viele 10-jährige Kinder passen hintereinandergelegt auf eine 100-Meter-Bahn ?

START

Bist du gut in Sport? Wenn ja, ist ein **100-Meter-Lauf** für dich sicher ein Klacks. Findest du Laufen aber eher anstrengend, kommt dir die Strecke wahrscheinlich unendlich lang vor. So lang, dass dir unterwegs vielleicht die Luft ausgeht. Wenn du dich, an der Startlinie beginnend, **ausgestreckt** auf die **Bahn** legst, bist du dem Ziel schon ein wenig näher. Um die komplette Entfernung zu überbrücken, wären allerdings **81 Kinder** nötig.

Nun liegen selten Kinder auf der Bahn; **Staffelstäbe** schon eher, wenn die Läufer bei der Übergabe patzen. Allerdings müssten schon **345** Läufer den Stab fallen lassen, damit die Hölzer hintereinandergelegt 100 Meter lang sind.

Noch viel kürzer als Staffelstäbe sind **Streichhölzer**, und zwar nur lächerliche viereinhalb Zentimeter! Um eine 100 Meter lange Linie zu legen, brauchst du **2222** Hölzchen.

81

Wie viele **Daunenfedern** braucht man, um das Gewicht eines **Schulfüllers** zu erreichen

Ein **Schulfüller** wiegt nicht viel. Er bringt nur 18 Gramm auf die Waage. Wäre er schwerer, würde deine Hand von dem Gewicht viel zu schnell müde werden. Eine **Daunenfeder** ist aber noch viel leichter. So leicht, dass du ihr Gewicht auf deiner Hand gar nicht bemerkst. Wer kann schon einen Gewichtsunterschied von 0,0035 Gramm spüren? Du brauchst **5143** Stück, um den Füller aufzuwiegen. Steckst du die alle in deinen Ranzen, sieht es beim Öffnen so aus, als wäre ein Kopfkissen geplatzt.

Im Winter könntest du auch **Schneeflocken** fangen. Lässt du **4500** Stück davon in deinen Ranzen rieseln, wiegen sie genauso viel wie der Füller. Allerdings halten sie nur für wenige Sekunden ihre Form und anschließend sind deine ganzen Hefte nass.

Nimmst du stattdessen **50-Euro-Scheine**, musst du nur bis **20** zählen und schon ist das Gewicht deines Schreibgeräts erreicht.

5143

Wie viele **Tankfüllungen** eines **Kleinwagens** passen in den Tank eines **Kreuzfahrtschiffes**

Ein richtig großes **Kreuzfahrtschiff** überragt dich gewaltig, wenn du davorstehst. Bei einem Kleinwagen reichst du wahrscheinlich locker an das Dach. So unterschiedlich wie die Höhe ist auch die **Menge Treibstoff**, die in die Tanks dieser beiden Fahrzeuge passt. 4.381.400 Liter fasst ein Luxusliner wie die „Queen Mary II". Damit könntest du **97.364 Kleinwagen** betanken.

Um die gleiche Menge Regen aufzufangen, wären immer noch **14.605 300-Liter-Regentonnen** notwenig. So viel Regen fällt bei uns dann doch nicht.

Falls es dir trotzdem zu nass ist, besteigst du das nächste Flugzeug Richtung Süden. Insgesamt **17-mal** ließe sich ein **Riesenflugzeug** wie der **A380** mit der Treibstoffmenge eines Luxusliners volltanken. Das sollte reichen, um gemeinsam mit Familie und Freunden der Sonne entgegenzufliegen.

97.364

Hast du eine Idee, wie viele **Luftmatratzen** auf ein **Fußballfeld** passen

Stell dir vor, du planst mit allen Leuten, die du kennst, eine Übernachtungsparty auf dem **Fußballfeld**. Jeder muss seine Luftmatratze mitbringen. Damit alle hinpassen, solltest du nachrechnen: Ein Platz für internationale Turniere muss 105 Meter lang und 68 Meter breit sein. Eine durchschnittliche Luftmatratze ist dagegen nur 1,80 Meter lang und 0,75 Meter breit. Sie ist so viel kleiner als das Feld, dass du genau **5146 Luftmatratzen** darauf ausbreiten kannst.

Normalerweise gehört aber natürlich ein **Fußball** auf den Platz. Der sieht dort allein ganz schön verloren aus. Um den ganzen Rasen zu bedecken, bräuchtest du unglaubliche **147.520** Bälle, 29-mal mehr als Matratzen. Kicken kannst du dann allerdings nicht mehr.

Selbst ein **Tennisplatz**, der auch nicht gerade klein ist, passt immer noch **36-mal** in ein Fußballfeld.

5146

Wie viele **Blockflöten** muss man aufeinanderstellen, um die Länge eines **Kontrabasses** zu erreichen ❓

Die meisten Kinder lernen zuerst Flöte spielen. Das Instrument ist handlich und passt in jeden Ranzen. Stell dir mal vor, du hättest dich stattdessen für **Kontrabass** entschieden. Da hättest du ganz schön zu schleppen, denn er ist mit 1,80 Metern so groß wie ein durchschnittlicher Papa. Die gleiche Länge erreichst du erst, wenn du **viereinhalb Blockflöten** aufeinanderstellst.

Hast du trotzdem keine Lust auf Flöte, wie wäre es dann mit **Mundharmonika**? Die hört sich schon gut an, wenn man noch gar nicht richtig spielen kann und passt in jede Hosentasche. Erst mit **14** Stück erreichst du die Länge eines Kontrabasses.

Der Klassiker unter den Instrumenten ist das **Klavier**. Es sieht mit seinen weißen und schwarzen Tasten auch sehr schick aus. Von den **weißen Tasten** müsstest du **77** nebeneinanderlegen, um auf Kontrabasslänge zu kommen. Das sind allerdings mehr, als ein Klavier hat.

4 ½

Was glaubst du, wie viele Johannisbeeren in eine große Wassermelone passen

Beide Früchte sind rund und innen rot, von ihrer Größe her unterscheiden sie sich jedoch gewaltig. So hat die **Johannisbeere** einen Durchmesser von maximal 11 Millimetern, eine große Melone kann dagegen bis zu 50 Zentimeter erreichen. Viele Johannisbeersträucher wären daher notwendig, wolltest du die **Melone** mit den kleinen Beeren füllen, denn **202.143 Früchtchen** finden in der großen Kugel Platz.

Sind dir die kleinen Beeren zu sauer, nimmst du besser Würfelzucker zum Füllen. Davon passen nicht mehr ganz so viele in die Melone. Es sind nur noch **34.667 Zuckerwürfel**, nicht einmal ein Fünftel der Beeren.

Füllst du stattdessen **Tomaten** in die Melone, musst du nur bis **542** zählen. So viele mittelgroße Tomaten passen hinein. Damit ließen sich reichlich Tomatenbrote belegen oder man könnte einen Riesen-Tomatensalat zaubern, an dem sich die ganze Schule satt essen könnte.

202.143

Wie oft musst du einen Sportplatz umrunden, bis du die Strecke eines Marathonlaufs geschafft hast ?

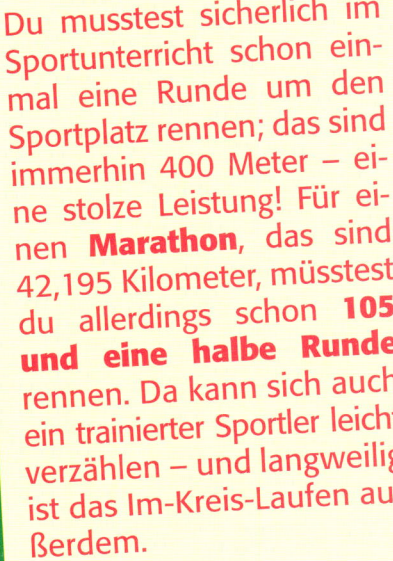

Du musstest sicherlich im Sportunterricht schon einmal eine Runde um den Sportplatz rennen; das sind immerhin 400 Meter – eine stolze Leistung! Für einen **Marathon**, das sind 42,195 Kilometer, müsstest du allerdings schon **105 und eine halbe Runde** rennen. Da kann sich auch ein trainierter Sportler leicht verzählen – und langweilig ist das Im-Kreis-Laufen außerdem.

Damit du dir die längste Laufdistanz, die es bei Wettkämpfen gibt, noch besser vorstellen kannst, stapelst du in Gedanken den höchsten Berg der Welt, den **Mount Everest, fünfmal aufeinander**. Würde man in seinem Inneren senkrecht emporlaufen, hätte man etwas mehr als die Marathonstrecke hinter sich gebracht.

Sind Fahrzeuge eher dein Steckenpferd, dann stell' dir **1688** Stück der neuen **Riesenlastwagen** – der Gigaliner – vor. Hintereinandergeparkt ergeben sie die Marathonstrecke.

105 ½

Welche Anzahl von **Bleistiften** muss man aufeinanderstellen, um die Ohren einer **Giraffe** zu erreichen

Im Traum ist das sicher möglich: einen **Turm aus Bleistiften** zu bauen, der bis zu den **Ohren einer Giraffe** reicht. Eine Giraffe ist mit fünfeinhalb Metern ganz schön hoch, ein neuer Bleistift misst dagegen nur 13 Zentimeter. Reicht es da, von jedem deiner Klassenkameraden einen Stift zu borgen? Wohl kaum, denn die **Giraffe** ist ganze **42-mal höher** als ein Bleistift. Da musst du dir die fehlenden Stifte aus der Parallelklasse besorgen.

Habt ihr nur Bleistiftstummel übrig, könnt ihr auch **Schulhefte** aufeinanderstapeln. Von diesen braucht ihr allerdings noch mehr: nämlich **3056** Hefte. So viele kommen auch in zwei Klassen nicht zusammen!

Wenn euch das zu viel Mühe ist, nehmt ihr einfach **neun Schultische**. Einer auf den anderen gestellt, sind sie so hoch wie eine Giraffe. Ganz Mutige können sogar hochklettern und das Tier kraulen.

42

Wie viele **Teelichte** muss man einschmelzen, um einen **Suppenteller** zu füllen

Ein normaler **Suppenteller** fasst 250 Milliliter oder einen viertel Liter. Das kann wenig sein, wenn dir die Suppe schmeckt, oder viel, wenn du sie gar nicht magst. Auf jeden Fall passt in den Teller mehr Wachs hinein, als du beim Einschmelzen eines Teelichts erhältst. Für einen ganzen Teller Wachssuppe musst du insgesamt **19 Teelichte** einschmelzen.

Benutzt du den gleichen Teller, um eine Portion **ungekochter Linsen** für den Eintopf abzumessen, brauchst du natürlich eine sehr viel größere Anzahl als bei den Teelichten, weil Linsen um einiges kleiner sind. Insgesamt sind es **16.491** Stück. Sie sind nämlich sogar 825-mal kleiner als die Kerzen.

Willst du die Suppe, die du dir hier „eingebrockt hast", auch wieder auslöffeln, musst du insgesamt **17-mal löffeln**. Erst dann ist der Teller nämlich leer und der Bauch voll.

19

Was meinst du, wie viele **Konfettis** so schwer sind wie ein **Pappteller**

Pappteller sind manchmal ganz praktisch: Am Ende einer Klassenfeier muss niemand abspülen und der Picknickkorb ist auch nicht so schwer, wenn du statt des Porzellans die leichten Teller einpackst. So ein „Pappkamerad" wiegt gerade einmal 14 Gramm. Das ist allerdings immer noch viel schwerer als die **Konfettis**, die bei der letzten Faschingsparty aus dem Knallbonbon geflogen sind. Erst **8917** Stück sind zusammen so schwer wie ein Pappteller.

Zu einer richtigen Party gehören natürlich auch kunterbunte Luftschlangen. Mit ihnen kannst du den Kaffeetisch und das Zimmer schmücken. Schon **acht Luftschlangen** wiegen so viel wie ein Pappteller.

Auf einer Geburtstagstafel dürfen natürlich **Papierservietten** im gleichen Design nicht fehlen. Sie sind fast so schwer wie die Pappteller. Du brauchst nur **drei** Stück, um das Gewicht eines Tellers zu erreichen.

8917

Wie viele **Sprungseile** muss man aneinanderknoten, um das **Mittelmeer** zu umrunden

Du kannst mit einem Sprungseil prima hüpfen, Verschiedenes anbinden, Schnecken legen, Tore markieren und Absperrungen bauen, wenn z. B. niemand deine geheime Gartenecke betreten soll. Für all diese Dinge reicht ein einziges Seil, denn das ist immerhin 2,20 Meter lang. Um das ganze **Mittelmeer** abzusperren, damit niemand bei Quallen-Alarm ins Wasser geht, brauchst du schon viel mehr **Sprungseile** – nämlich **5.772.728** Stück!

Die Küstenlinie ist so lang, dass du selbst in einem schnellen **Rennwagen** mit **Tempo 300** noch **42 Stunden** unterwegs wärst – ohne jede Unterbrechung, versteht sich.

Hast du keine Lust, um das Mittelmeer zu kurven, dann kannst du auch eine **Expedition** quer durch die Erde **von Pol zu Pol** unternehmen. Der Weg ist nämlich mit 12.713 Kilometern nur schlappe **13 Kilometer länger** als die Mittelmeerrunde.

5.772.728

Wie viele **Sandförmchen** kann man mit dem Inhalt einer **Baggerschaufel** füllen **?**

Aus den meisten Buddelkästen verschwindet im Laufe der Zeit der Sand. Deshalb werden sie immer wieder aufgefüllt. Dann kommt ein Bagger und kippt den neuen Sand aus seiner riesigen Schaufel in die Kiste. Wolltet ihr ihn mit euren Sandförmchen direkt aus der **Baggerschaufel** umfüllen, müsstet ihr eine **Buddelform 3968-mal füllen**, bis die ganze Schaufel leer ist. Das kann dauern!

Sand wird aber nicht nur zum Buddeln benutzt. Man kann damit auch **Boxsäcke** füllen. Eine einzige Baggerschaufel reicht für **35 Säcke** voller Sand. Eine ganze Klasse könnte dann gleichzeitig linke und rechte Haken üben.

Falls der Baggerfahrer nicht aufpasst und den Sand aus Versehen in ein offenes **Cabrio** füllt, würde die Schaufelfüllung immerhin noch für **fast zwei volle Autos** reichen.

3968

Hast du eine Idee, wie viele Babys auf eine Picknickdecke passen

?

Wenn deine Eltern bereits mit dir picknicken waren, als du noch ein Baby warst, dann haben sie dich bestimmt zusammen mit all den anderen Sachen auf die **Picknickdecke** gelegt. Platz genug war ja, denn so ein kleines Baby allein nimmt nur einen geringen Teil der Decke ein. Der Rest reicht dann immer noch für Teller, Becher und Leckereien. Erst wenn **13 Babys** gleichzeitig auf der Decke strampeln, ist sie vollständig belegt.

Irgendwann werden aus Babys große Kinder und die essen, genauso wie alle Erwachsenen, von **Tellern**. Davon passen übrigens **29** Stück auf die Picknickdecke – fein säuberlich aufgereiht, versteht sich. Ihr selbst müsst dann mit Bechern und Schüsseln auf der Wiese sitzen.

Bei einem spontanen Picknick auf dem Schulhof hast du sicher nur Lebensmittel dabei, für die du keinen Teller brauchst – zum Beispiel **Orangen**. Davon hätten insgesamt **241** Stück auf der Decke Platz.

13

Wie viele **Treppen** eines **Einfamilien-hauses** braucht man, um die **Zugspitze** zu erklimmen

Die **Zugspitze** ist mit 2962 Metern der höchste Berg in Deutschland. Viele Wanderer machen sich jedes Jahr auf den Weg zum Gipfel und müssen dabei viele Kurven in Kauf nehmen, die den Weg bis zum Ziel verlängern. Wäre es da nicht einfacher mit einer Treppe? Wahrscheinlich nicht, denn man müsste **1288 Einfamilienhaus-Treppen** hintereinander erklimmen, wo doch so mancher schon bei einer ins Schwitzen gerät.

In Gebäuden – und seien sie auch noch so hoch – gibt es neben dem Fahrstuhl immer auch eine Treppe. Das **„Burj Khalifa"**, das höchste Gebäude der Welt, misst gigantische 830 Meter. Bereits **dreieinhalb** von den Riesen aus Dubai sind so hoch wie die Zugspitze.

Wie niedlich wirkt dagegen ein **Maulwurfshügel** mit seinen 25 Zentimetern Höhe. Haufenweise Hügel, genau genommen **11.848** Stück, wären nötig, um die Höhe der Zugspitze zu erreichen.

1288

Kannst du dir vorstellen, wie viele Papas ein Nashorn aufwiegen ?

Will dein Papa wissen, wie schwer er ist, stellt er sich auf die Waage. Ein **Nashorn** macht das leider nicht freiwillig. Weil der Zoo aber das Gewicht wissen will, wird zwischen Innen- und Außengehege eine große Metallplatte gelegt, die mit einer Waage verbunden ist. Läuft das Nashorn über die Platte, wird es automatisch gewogen. Bis zu 2000 Kilogramm kann ein erwachsenes Tier wiegen. Ein Papa wiegt im Schnitt nur knapp über 80 Kilogramm. Erst **24 Väter** zusammen sind so schwer wie ein Nashorn.

Auch ein **Medizinball** ist ganz schön schwer – nicht jedoch im Vergleich zum Nashorn. **400** Bälle sind nötig, damit die Waage das gleiche Ergebnis wie beim Dickhäuter anzeigt.

Früher gab es Tiere, die waren noch viel schwerer als Nashörner. Der vor Urzeiten ausgestorbene **Brachiosaurus** wird auf 30 bis 60 Tonnen geschätzt, das entspricht **15 bis 30 Nashörnern**.

24

Wie viele **Schritte** muss ein Erstklässler gehen, um die tägliche **Flugstrecke** eines **Storches** zurückzulegen

Hast du jemals die Schritte von zu Hause bis in deine Schule gezählt? Wenn ja, dann könntest du jetzt die Wegstrecke ausrechnen, da die Schrittlänge eines Erstklässlers durchschnittlich 53 Zentimeter beträgt. Dein Schulweg ist aber bestimmt viel kürzer als die tägliche **Flugstrecke eines Storches** auf seinem Flug nach Süden ins Winterquartier. Er muss nämlich stolze **225 Kilometer** zurücklegen. Für die gleiche Strecke am Boden braucht ein **Schulanfänger 426.783 Schritte**.

Auch eine **Biene** ist längst nicht so rasant wie der Storch. Sie legt pro Tag nur ungefähr **60 Kilometer** zurück und würde damit **vier Tage länger** unterwegs sein als er.

Einer **Weinbergschnecke** ist auch das viel zu hastig. Sie lässt sich ausgiebig Zeit und käme **erst nach 651 Tagen**, das sind fast zwei Jahre, im Winterquartier des Storches an.

426.783

Hast du eine Idee, wie viele **Elefanten** in das größte **Flugzeug** der Welt passen

?

Manchmal geht ein Zirkus auf Reisen. Dann werden alle Tiere in einen Zug verladen und zum nächsten Spielort gebracht. Für weite Reisen könnte auch ein Flugzeug gemietet werden, damit die Artisten und ihre Tiere nicht wochenlang mit der Bahn oder dem Schiff unterwegs sein müssen. Auch die Elefanten sollen mit. Bei einem so **großen Flugzeug** wie dem **A380** sollte das gar kein Problem sein. Immerhin wäre in dem Superjumbo Platz für insgesamt **70 ausgewachsene Dickhäuter**.

Nicht jeder Zirkus zeigt so große Tiere. Es gibt auch kleinere Künstler, wie den **Pinguin**. Mit seinem watscheligen Gang amüsiert er alle Zuschauer. Bis zu **27.065** drollige Frackträger könnten in diesem Flugzeug befördert werden.

Auch **Hamster** lassen sich dressieren. Sie passen zu mehreren in eine Jackentasche. **2.745.374** Hamster bekämen für denselben Flieger ein Ticket nach Übersee.

70

Wie viele **Kindersandalen** wiegen so viel wie der **Bergstiefel** eines Erwachsenen

Zum Wandern und Klettern ziehst du sicher feste Stiefel an. Darin hast du nicht nur guten Halt, deine Füße sind auch besser geschützt. Das ist zum Beispiel wichtig, wenn du mit dem Fuß gegen einen Stein stößt. In Sandalen tut dir dann der Zeh weh, in den Bergstiefeln merkst du kaum etwas. Dafür sind sie auch schwerer. **Papas rechter Bergstiefel** wiegt zum Beispiel so viel wie **sieben deiner Sandalen**.

Hinzu kommen noch die Socken. Ohne Wandersocken läuft es sich in den derben Stiefeln nicht besonders gut. Packt Papa für den Urlaub **13 Sockenpaare** ein, haben sie dasselbe Gewicht wie einer seiner Stiefel.

Manchmal drückt Papas Schuh. Dann hat sich vielleicht ein **Sandkorn** hineinverirrt. Das zusätzliche Gewicht dieses Korns merkt Papa natürlich noch nicht. Erst **6.470.588 Körner** wiegen so viel wie sein Stiefel selbst.

7

Wie viele Wiener Würstchen sind zusammen so lang wie ein 10-stöckiges Hochhaus

Stell' dir vor, die Familie im **10. Stock** eures **Hochhauses** feiert mit allen Hausbewohnern ein Fest. Damit alle satt werden, haben sie riesige Mengen Würstchen und Kartoffelsalat besorgt. Lecker! Du bist auch eingeladen, aber der Fahrstuhl geht nicht und du hast keine Lust zu laufen. Klingel einfach oben und lass' dir ein paar Wiener Würstchen vom Balkon herunterreichen. Damit das klappt, muss die Wurstkette insgesamt **180 Würstchen** lang sein.

Wenn du nicht glaubst, dass ein 10-stöckiges Haus so hoch ist, dann misst du es aus. Nimm einen **Zollstock**, noch einen und noch einen ... Um bis nach oben zu kommen, brauchst du **22,5** der ausgeklappten Messlatten.

Du kannst aber auch warten, bis **vier Linienbusse** vor dem Haus halten. Gut mit Würstchen gestärkt, stapelst du sie der Länge nach aufeinander – und reichst damit auch bis an das Hochhausdach.

180

Hast du eine Idee, wie viele Kinderfahrräder so schwer sind wie ein Traktor

?

Bauer Busch schlägt dir eine Wette vor: Wenn du so viele Kinderfahrräder auftreiben kannst, dass sie zusammen so schwer sind wie sein roter Traktor, darfst du den ganzen Winter über mit deinen Freunden in seiner Scheune spielen. Schlage besser nicht ein, denn ein **Traktor** wiegt 13.000 Kilogramm, ein Kinderfahrrad hingegen nur 12,5 Kilogramm. Um diese Wette zu gewinnen, musst du **1040 „Drahtesel"** zusammen bekommen. Das ist auch bei einem großen Freundeskreis schwierig.

Ein **Strohballen** ist noch leichter als ein kleines Fahrrad. Bei einem Gewicht von zehn Kilogramm pro Ballen, sind **1300** Stück notwendig, um die Wette zu gewinnen. Das ist auch zu viel.

Wesentlich besser stehen deine Chancen, wenn ihr euch einigt, den Trecker in **Ponys** aufzuwiegen. Diese sind im Schnitt 400 Kilogramm schwer, sodass du bereits gewonnen hast, wenn du im Dorf **33** von ihnen aufreibst.

1040

Was meinst du, wie viele Joghurtbecher auf eine Weichbodenmatte passen

passen

Muss das Schulfest wegen strömenden Regens in die Sporthalle verlegt werden, baut ihr das geplante Buffet einfach dort auf. Alle Getränke kommen auf den Kasten, alle Brötchen in den zugenähten Basketballkorb, die Wurstpaare werden über die Holme des Barrens gehängt und die Joghurtbecher stellt ihr auf die riesengroße **Weichbodenmatte**. Eine einzige Matte müsste für diesen Nachtisch reichen, denn auf ihr haben **533 Joghurts** nebeneinander Platz.

Ist der Joghurt aufgegessen, ist die Matte frei für Spiele aller Art. Wettet mit den Eltern, dass alle zusammen es nicht schaffen, die komplette Matte mit **Scheckkarten** zu bedecken. Eure Chancen auf den Sieg sind gut, denn erst mit **648** Karten ist sie wirklich voll.

Oder wie wäre es mit **Kaugummistreifen**? Von ihnen passen genau **2000** Stück auf die Turnmatte. Das gibt einen riesigen Kau-Spaß!

533

Wie viele quadratische Lego®-Duplo®-Steine benötigt man, um eine Garage zu füllen

Eltern behaupten oft, Kinder würden alles mit ihren Spielsachen vollstopfen: „Die ganze Garage ist mit deinem ‚Lego®-Kram' voll", ist dann zu hören. Stimmt ja gar nicht! Sicher, da liegen seit ewigen Zeiten zwei Beutel mit Steinen am Boden, doch „voll" sieht wirklich anders aus! Um die **komplette Garage** zu füllen, sind nämlich **3.173.194 Steine** nötig.

Außerdem kullert ja auch nicht nur dein Kram in der Garage herum. Das gelbe **Schlauchboot** von Papa nimmt mehr Platz weg. 2,4 Kubikmeter braucht es, weil es noch aufgeblasen ist. Die Garage ist aber so groß, dass auch davon noch insgesamt **23** Stück überwintern könnten.

Mama hat sich durchgesetzt und ihr sollt aufräumen. Dabei findest du noch eine Packung mit **Wasserbomben**. In einen Ballon passen 0,2 Liter. Wenn man die Garage mit diesen füllen würde, wären das **285.587** Stück. Doch wehe, einer öffnet das Tor …

3.173.194

32

Wie viele **Gitarrensaiten** sind zusammengebunden so dick wie ein **Sprungseil** ?

Ein **Sprungseil** kennst du sicher aus dem Sportunterricht. Dort wird es benutzt, um Fitness und Körperkoordination zu trainieren. Auch Boxer üben viel mit Seilen, damit sie sich schnell im Ring bewegen können. Die meisten Seile sind etwa daumendick. **Gitarrensaiten** sind viel dünner. Wolltest du so viele Saiten zusammendrehen, bis sie so dick wie ein normales Sprungseil sind, müsstest du dir **977** Stück besorgen. Das wird ganz schön teuer.

Billiger ist das Experiment mit **Haaren**. Wenn du sowieso zum Friseur musst, kannst du aus den abgeschnittenen Haaren hinterher ein Seil drehen. Nimm **6944** Haare, dann hast du Sprungseilstärke erreicht.

Im Herbst könntest du auch **Spinnfäden** sammeln. Die sind allerdings so dünn, dass du **25 Millionen** Fäden nehmen müsstest. Da kann man sich schon mal verzählen – außerdem reißen sie viel zu leicht!

977

Kannst du dir denken, wie viele **Grundschulkinder** zusammen das Gewicht eines **Kleinwagens** haben

Wirst du manchmal mit dem **Auto** von der Schule abgeholt? Vielleicht ja sogar zusammen mit zwei Freunden? Die Rückbank ist dann eigentlich schon voll, obwohl mit den entsprechenden Verrenkungskünsten noch wesentlich mehr Kinder hineinpassen würden. Vielleicht schaffst du es, **41 Mitschüler** in den Wagen zu bugsieren; dann wären die „Mitfahrer" so schwer wie das Auto selbst. Fahren ist dann allerdings nicht mehr möglich und auch nicht erlaubt!

Ganz schön schwer sind auch **Autoreifen**. Zweimal im Jahr kommen vier Stück davon in den Kofferraum und werden in die Werkstatt zum Reifenwechsel gefahren. Du brauchst aber immerhin **65** Stück, um den Kleinwagen aufzuwiegen.

Von den **Schrauben**, mit denen die Räder festgezogen werden, sind sogar **17.657** Stück nötig, um auf das Autogewicht zu kommen.

41

Wie oft muss man eine **Verkehrsinsel** umrunden, um die Strecke der **Tour de France** gefahren zu sein

Jedes Jahr im Juli flitzen die Radrennfahrer für drei Wochen quer durch Frankreich. 2011 war diese **schwerste Radrundfahrt** der Welt genau 3430,5 Kilometer lang. Dafür mussten die Fahrer hart trainieren. Auf die Idee, Übungsfahrten um eine **Verkehrsinsel** zu machen, käme vermutlich keiner, ist doch die Strecke um solch einen Kreisel im Schnitt nur 126 Meter lang. Die Rennfahrer bekämen irgendwann einen Drehwurm, denn sie müssten ganze **27.300-mal im Kreis** fahren.

Auch der Weltrekordhalter im **Weitsprung** hätte wenig Vergnügen, wenn er die Strecke der Tour de France springen müsste. Erst nach **383.296 Sprüngen** käme er ins Ziel.

Wenn du täglich **zwei Kilometer zur Schule** radelst, brauchst du **1715 Tage**, bis du das Gesamtpensum der Tour de France geschafft hast. Das sind mehr als **achteinhalb Schuljahre!**

27.300

Hast du eine Idee, wie viele **Violinen** zusammen das Gewicht eines **Flügels** haben

?

Bist du schon einmal mit einem **Flügel** umgezogen? Das ist ein ganz schöner Kraftakt, denn das Instrument wiegt sehr viel. Deshalb bestellt man in solch einem Fall meistens ein spezielles Transportunternehmen. Mit einer **Violine** ist der Umzug viel leichter. Du trägst sie selbst und musst dich dabei nicht einmal anstrengen. Erst **498** dieser zierlichen Instrumente sind so schwer wie ein Konzertflügel. Aber so viele sind nicht einmal in einem großen Orchester vertreten.

Eine **Posaune** wiegt fast fünfmal so viel wie die Violine. Trotzdem bräuchtest du noch **105** Stück davon, bis das Gewicht des Flügels erreicht ist.

Übersichtlicher wird es erst mit **Konzertharfen**. Sie sind selbst Schwergewichte, und deshalb reichen schon knapp **zwei** Stück von ihnen, um den Flügel aufzuwiegen.

498

Wie viele **Mikadostäbe** sind hintereinandergelegt so lang wie der Stab beim **Stabhochsprung** ?

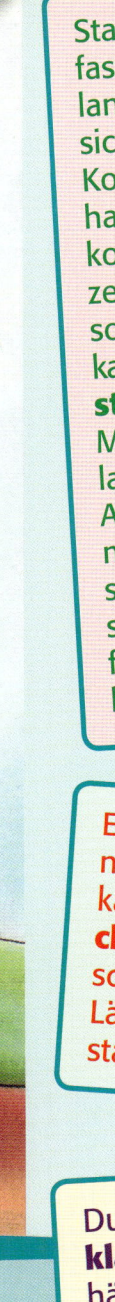

Stabhochsprung ist eine faszinierende Sportart. An langen Stäben schwingen sich die Athleten mit dem Kopf nach unten in sagenhafte Höhen. Der Weltrekord der Männer liegt derzeit bei 6,14 Metern. Damit so etwas funktionieren kann, muss ein **Hochsprungstab** ganz schön lang sein. Mit 4,90 Metern ist er so lang wie **27 Mikadostäbe**. Allerdings kannst du dich mit denen nicht in die Luft schwingen, auch wenn du sie aneinanderklebst. Dafür sind sie viel zu wenig biegsam.

Ebenfalls aus Holz, aber noch etwas kürzer als Mikadostäbe, sind **Zahnstocher**. Hiervon brauchst du schon **75** Stück, um auf die Länge eines Hochsprungstabs zu kommen.

Du kannst auch **Büroklammern** hintereinanderhängen, um einen Eindruck von der Länge des Stabes zu bekommen. Eine Kette aus **188** Klammern ist dann so lang wie der Sprungstab.

27

Was meinst du, wie viele **Postkarten** auf eine ausgeklappte **Schultafel** passen

?

Früher schrieben alle Leute aus dem Urlaub Postkarten. Heute schickt man eher eine SMS. Da so eine Karte etwas Besonderes geworden ist, könnt ihr mit eurer Klasse ja mal eine Ausstellung machen. Wenn alle eine alte Postkarte mitbringen und sie an die Tafel hängen, ist immer noch jede Menge Platz. Ausgeklappt ist die **Tafel** nämlich sechs Quadratmeter groß. Somit passen **386 Urlaubskarten** drauf.

Auf die Karten klebte man eine **Briefmarke**, wenn man sie verschicken wollte. Die war natürlich viel kleiner als die Grußkarte selbst – und tausendmal winziger als die Schultafel. Um genau zu sein: **9262-mal**.

Ist eure Karten-Ausstellung beendet, könnt ihr wieder auf der Tafel schreiben. Wenn nur nicht immer die Kreide verschwunden wäre. Wie wäre es mit Festkleben? Ein einzelnes Stück braucht gerade einmal 11,7 cm². Maximal **5128 Kreiden** lassen sich auf der Tafel befestigen.

386

Hast du eine Idee, wie viele **Neugeborene** eine **Mama** aufwiegen

?

Neugeborene werden regelmäßig gewogen, damit man feststellen kann, ob sie sich gut entwickeln. Bei ihrer Geburt bringen sie im Durchschnitt etwas über drei Kilogramm auf die Waage. Mamas wiegen natürlich viel mehr als so ein kleiner Knirps. Um das gleiche **Gewicht** wie **Mama** zu haben, sind insgesamt **21 Neugeborene** notwendig. So viele werden aber selbst in großen Krankenhäusern nicht an einem Tag geboren.

Fährt die Mama mit ihrem Säugling zum Einkaufen, braucht sie einen passenden **Kindersitz** für das **Auto**. Der wiegt etwas mehr als ihr Kind bei der Geburt, sodass immer noch **17** Sitzschalen gebraucht werden, um eine Mama aufzuwiegen.

Beim Großhändler kauft sie **Kisten voller Bananen**, weil ihr Baby die so gerne isst. Lädt sie **dreieinhalb** Kisten in ihr Auto, wiegen die Bananen genauso viel wie sie selbst.

21

Kannst du dir denken, wie viele **Hühnereier** in ein **Straußenei** passen

?

Ein **Hühnerei** lässt sich bequem zwischen Daumen und Zeigefinger nehmen und hat ein Volumen von durchschnittlich 53 Millilitern. Ein **Straußenei** ist da wesentlich größer. Du brauchst beide Hände, um es zu halten, und 1347 Milliliter passen hinein. Es ist damit **25-mal größer** als das Hühnerei.

Diese Rieseneier schmecken zwar nicht besonders, sehen dafür aber ganz hübsch aus. Wenn du nur ein kleines Loch machst, damit Eiweiß und Dotter herausfließen können, dann lässt es sich hinterher wieder befüllen. Wie wäre es z. B. mit **Reis**? Ein gewöhnliches Reiskorn ist so viel kleiner als ein Straußenei, dass du insgesamt **84.169 Körner** hineinrieseln lassen kannst.

Nimmst du als Füllmaterial stattdessen normale **Würfel** aus deiner Spielesammlung, ließen sich immerhin ganze **399** von ihnen in dem Riesenei unterbringen.

25

Wie viele **Würfel** kann man in einen zweitürigen **Kleiderschrank** stapeln ?

Du sollst dein Zimmer aufräumen, hast aber gar keine Lust dazu. Außerdem muss es besonders schnell gehen, weil in wenigen Minuten deine Lieblingsserie beginnt. Die Lösung für dieses Problem hast du mit Sicherheit auch schon des Öfteren angewandt: Schranktür auf, Sachen rein, Schranktür zu! Schon sieht das Zimmer ordentlich aus. In einen **zweitürigen Schrank** passt auch erstaunlich viel rein, zum Beispiel **276.640 Würfel**.

Habt ihr beim letzten Treffen nicht gewürfelt, sondern Karten gespielt? Kein Problem! Bis zu **9726 Kartenspiele** kannst du im Schrank verstauen, aber nur wenn du die Würfel vorher wieder herausgenommen hast.

Willst du nächste Woche eine Pyjamaparty veranstalten, dann können deine Gäste ihre **Schlafsäcke** bis zum Guten-Nacht-Sagen in den Schrank stecken. Sage und schreibe **47 Stück** bringst du darin unter.

276.640

Hast du eine Idee, wie viele **Ameisen** zusammen so schwer sind wie eine **Hummel**

?

Wenn du dich im Sommer auf eine Wiese legst, kannst du dort eine Menge kleiner Insekten beobachten. Wächst Klee auf der Wiese, kommen auf jeden Fall einige **Hummeln** zum Nektarsaugen vorbei. Setzt sich einer dieser gemütlichen, pummeligen Brummer auf deinen Finger, dann spürst du sein Gewicht kaum. Wie solltest du das auch, bei gerade einmal 1,2 Gramm! Im Vergleich zu einer **Ameise** ist die Hummel allerdings ein wahrer Klops. Sie wiegt nämlich so viel wie **120** der fleißigen Krabbler zusammen.

Auf einen einzigen Finger passen 120 Ameisen genauso wenig wie **533 Mücken**. Erst diese Menge der kleinen Blutsauger ist so schwer wie eine Hummel.

Oder doch lieber **Blattläuse**? Die winzigen Tierchen wiegen so wenig, dass **805** von ihnen nötig sind, um eine Hummel aufzuwiegen.

120

Wie oft passt der Reifen eines **City-Rollers** auf denjenigen eines **Geländewagens**

Parkst du deinen **City-Roller** direkt neben einem **Geländewagen**, siehst du sofort, dass deine Reifen viel kleiner sind als dessen wuchtige **Autoreifen**. Willst du wissen, wie viel kleiner sie genau sind, schraubst du eines ab, besorgst dir ein Stück Kreide und malst die **Umrisse** deines **kleinen Reifens** auf den großen auf. Nach **13** Kreisen bist du allerdings schon fertig. Das ging schneller als erwartet.

Wesentlich mehr Kreise musst du malen, wenn du wissen willst, wie oft das **Ziffernblatt deiner Armbanduhr** auf den großen Reifen passt. Stolze **340-mal** musst du seinen Umriss aufzeichnen, da es einen viel geringeren Durchmesser hat als der Reifen des City-Rollers.

Noch viel kleiner als beim Ziffernblatt der Armbanduhr ist der Durchmesser bei einer **1-Cent-Münze**. Mit einem dünnen Filzstift musst du **2063** Umrisse aufmalen, bis der ganze Reifen bedeckt ist.

13

Wie viele **Gummibärchen** passen in einen ausgewachsenen **Grizzlybären**

?

Es gibt gefährliche Bären und leckere. In Acht nehmen solltest du dich vor dem **Grizzly**. Er macht zwar einen gemütlichen Eindruck, kann aber sehr schnell rennen und ist angriffslustig, wenn er seine Jungen schützen will. Ganz harmlos sind dagegen Gummibären. Sie sind gesellig, farbenfroh und haben nicht mal etwas dagegen, wenn du auf ihnen herumkaust. Manch ein Grizzly frisst gerne Süßes und mag vielleicht auch die kleinen Bärchen. Um den ganzen Kerl zu füllen – nicht nur den Magen –, sind allerdings **2.290.179 Gummibären** nötig.

Zu viele Naschereien schaden aber auch den Grizzly-Zähnen. **Möhren** sind da schon gesünder. Sage und schreibe **18.191** Karotten würden in den Riesen-Petzi passen.

Rohes Steak wäre ihm vermutlich lieber. Davon hätten immerhin **12.825** Stück in ihm Platz, genug für eine ganze Kleinstadt.

2.290.179

Was meinst du, wie viele Federbälle so schwer sind wie ein Fußball ?

Vielleicht hast du beim Federballspiel auch schon einen Ball an den Kopf bekommen. Das kann wehtun, obwohl der Ball gar nicht so schwer ist. Wie muss es da erst Fußballern ergehen, die den viel schwereren Fußball köpfen? Der **Fußball** wiegt 432 Gramm, ein Federball wenig mehr als fünf Gramm. Erst **84 Federbälle** sind so schwer wie der Ball zum Kicken. Weil der Fußball aber auch größer ist, verteilt sich das Gewicht beim Aufprall wohl besser.

Leichter als der Fuß-, aber schwerer als der Federball sind **ein Paar Socken**. Sie wiegen um die 40 Gramm. Erst wenn eine **komplette Fußballmannschaft** (11 Spieler) in der Umkleide ihre Alltagssocken auf einen Haufen geworfen hat, ist das Gewicht des Fußballs erreicht.

Natürlich gibt es auch Sportgeräte, die schwerer sind, wie z. B. ein **Hochsprungstab**. Drei Kilogramm wiegt er, so viel wie **sieben Fußbälle**.

84

Was glaubst du, wie viele Dackel in einen Dinosaurier passen ?

Die meisten **Dinosaurier** waren mächtig groß. Einige Arten ernährten sich von Pflanzen, andere von Fleisch und eine weitere Gruppe fraß alles. Weil sie so riesig waren, mussten sie enorm viel Nahrung zu sich nehmen. Nun gab es damals natürlich noch keine **Dackel**, vielleicht hätten sie sonst auf dem Speisezettel der Fleischfresser gestanden. Für einen Saurier wären sie allerdings kaum mehr als eine Zahnfüllung gewesen. Wollte man das gesamte Tier mit den kleinen Hündchen ausstopfen, dann bräuchte man **2338** Stück.

Für etwas mehr Abwechslung im Speiseplan, hätte er auch **Schimpansen** direkt vom Baum „pflücken" können. **180** Menschenaffen hätten in dem Dino Platz gefunden, wenn es sie denn schon gegeben hätte.

Esel lebten auch noch nicht. Dabei hätte sich eine ganze Herde von **40** Tieren in einem einzigen Dino verkriechen können.

2338

Teste dich selbst!

Nun bist du selbst an der Reihe. Nach den zurückliegenden Seiten bist du sicher schon ein richtiger Profi geworden, wenn es darum geht, Größen-, Gewichts- oder Streckenverhältnisse einzuschätzen. Anhand der nächsten 15 Fragen kannst du das leicht testen. Setze jeweils unter die Zahl dein Kreuz, von der du meinst, dass sie die Frage richtig beantwortet. Dann drehst du das Buch auf den Kopf und kannst deine Ergebnisse mit den Lösungen am Ende der nächsten Seite vergleichen.

1. Kannst du dir vorstellen, wie viele Tennisbälle in einen Heißluftballon passen?

- ❏ 410
- ❏ 41.533.989
- ❏ 1.500.987

2. Hast du eine Idee, wie viele Teebeutel genauso schwer sind wie ein Heuballen?

- ❏ 2000
- ❏ 5000
- ❏ 7000

3. Was meinst du, wie viele Smartphones auf eine Kinoleinwand passen?

- ❏ 41.560
- ❏ 8542
- ❏ 86

4. Wie viele Kakaobohnen haben zusammen das Gewicht von einer Tafel Schokolade?

- ❏ 1000
- ❏ 10
- ❏ 100

5. Was glaubst du, wie viele Wasserkästen so schwer sind wie ein Familienauto?

- ❏ 100
- ❏ 200
- ❏ 2000

6. Mit wie vielen Spielkarten kann man den Boden eines Klassenzimmers auslegen?

- ❏ 3074
- ❏ 80.000
- ❏ 12.759

Teste dich selbst!

7. Wie viele Autos passen auf den Frankfurter Flughafen?

- ☐ 1.773.130
- ☐ 10.635.178
- ☐ 87.143

8. Hast du eine Vorstellung, mit wie vielen Tetrapaks Milch man ein Sportschwimmbecken füllen kann?

- ☐ 98
- ☐ 2.500.500
- ☐ 67.000

9. Wie viele Euroscheine muss man aufeinanderlegen, um die Zimmerdecke zu erreichen?

- ☐ 3.569.056
- ☐ 5009
- ☐ 25.500

10. Kannst du dir vorstellen, wie viele Briefmarken auf ein DIN-A4-Kuvert passen?

- ☐ 71
- ☐ 268
- ☐ 5800

11. Wie viele Tintenpatronen muss man nebeneinanderlegen, um die Länge eines Schulfüllers zu erreichen?

- ☐ 102
- ☐ 26
- ☐ 35

12. Hast du eine Idee, wie viele Spülschwämme in ein normales Spülbecken passen?

- ☐ 60
- ☐ 506
- ☐ 125

13. Was meinst du, wie viele CDs so schwer sind wie ein 100-seitiges Taschenbuch?

- ☐ 550
- ☐ 50
- ☐ 5

14. Wie viele Zahnstocher sind hintereinandergelegt so lang wie ein Schaschlikspieß?

- ☐ 16
- ☐ 3
- ☐ 30

15. Was glaubst du, wie viele Wohnungstüren auf ein Garagentor passen?

- ☐ 3
- ☐ 10
- ☐ 21